Adventures with Abuela

Let's go to Shedd Aquarium

VIRGINIA MARTÍNEZ
ILLUSTRATED BY JESÚS GALLARDO

Illustrated by Jesús Gallardo

ISBN: 978-1-957058-77-1
Library of Congress Control Number: 2022913837

Dedication

This book is dedicated with love and kisses to my grandson Rio Ignacio Martínez. I hope you always remember all the adventures you experienced with your Mama, Papa, Tia Nati and Abuela.

Dedicatoria

Dedico este libro con cariño y besos a mi nieto Río Ignacio Martínez. Espero que siempre recuerdes todas las aventuras que viviste con tu mamá, papá, tía Nati y abuela.

Acknowledgements

Thanks to Miguel and Pilar, Rio's parents, who are exposing Rio to so many of the wonderful resources around us. The Chicago area has some of the best parks, museums, zoos, and other fun places to visit. The family likes to visit these incredible places and teach Rio about nature, science, and having a good relationship with others. He is developing a love for learning through these experiences.

Thanks to my friends who supported this series of children's books through purchases, assistance at events and their encouragement.

Finally, thanks to Fig Factor Media, LLC and Jacqueline Ruiz, who understood and supported one of the goals of this series: to encourage parents, grandparents, and caregivers to read to young children and take them to the many public institutions and outdoor activities available in Chicago and other cities.

Agradecimientos

Gracias a Miguel y Pilar, los padres de Río, quienes están enseñando a Río muchos de los maravillosos recursos que nos rodean. El área de Chicago tiene algunos de los mejores parques, museos, zoológicos y otros lugares divertidos para visitar. A la familia le gusta recorrer estos lugares increíbles y enseñar a Río sobre la naturaleza, la ciencia y cómo tener una buena relación con los demás. Él está desarrollando un amor por el aprendizaje a través de estas experiencias.

Gracias a mis amigos que apoyaron esta serie de libros infantiles con compras, asistencia en eventos y apoyo incondicional.

Finalmente, gracias a Fig Factor Media, LLC y Jacqueline Ruiz, quienes entendieron y apoyaron uno de los objetivos de esta serie: alentar a los padres, abuelos y cuidadores a leer a los niños pequeños, llevarlos a las muchas instituciones públicas y actividades al aire libre disponibles en Chicago y en otras ciudades.

My name is Rio, I am 3 years old and live with my parents and my Abuela.

Mi nombre es Río, tengo 3 años y vivo con mis padres y mi abuela.

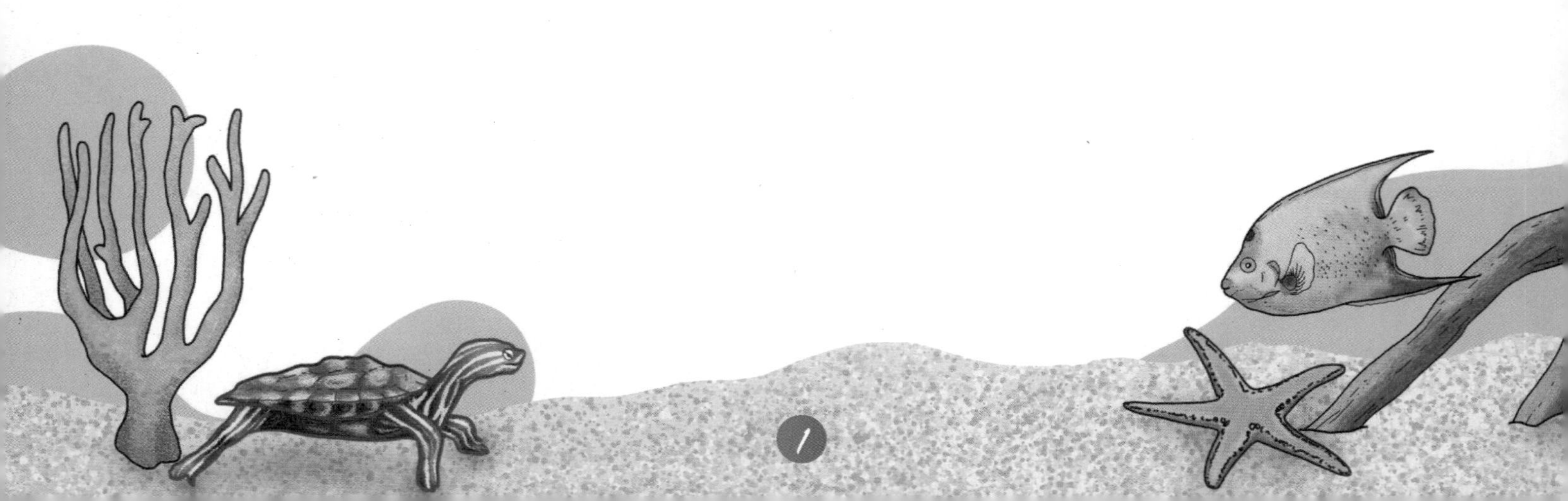

Since I was a little baby, I've had a stuffed seahorse that I call Wiggles. Wiggles is one of my best friends, along with my dog MJ and cat Lexie.

Desde que era un bebé pequeño, he tenido un caballito de mar de peluche que llamo Wiggles. Wiggles es uno de mis mejores amigos, junto con mi perra MJ y mi gata Lexie.

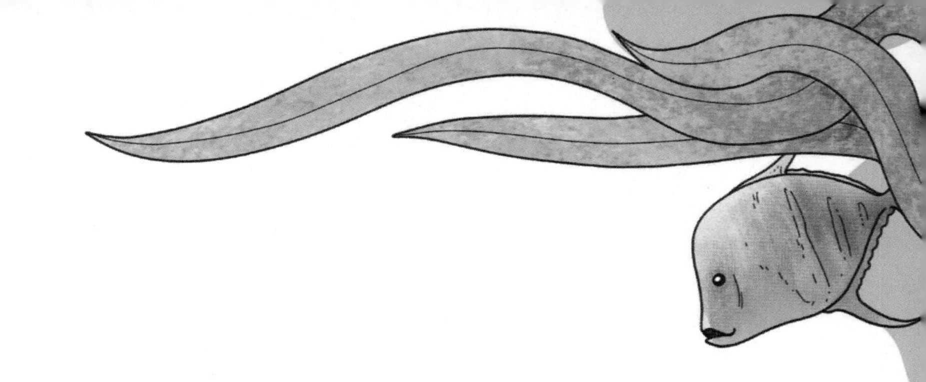

Wiggles goes everywhere with me and sleeps by my side every night.

Wiggles va a todas partes conmigo y duerme a mi lado en las noches.

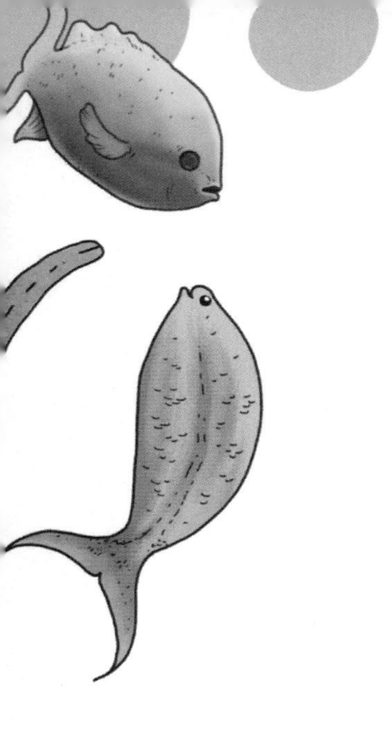

Wiggles and I go on a lot of adventures.

He goes to the zoos, museums and parks with me. We've seen so many different types of animals together!

Wiggles y yo nos embarcamos en muchas aventuras. Me acompaña a los zoológicos, museos y parques. ¡Hemos visto tantos tipos de animales juntos!

Today, Abuela said we are going to the Shedd Aquarium. I am very excited! I want to take Wiggles with me because he has never seen other seahorses. When we go on our adventures, I see other children, MJ sees other dogs, and Lexie sees other cats. I know Wiggles must be sad not to see other seahorses like him. I would be sad not to live with my family.

Hoy, Abuela dijo que vamos al Acuario Shedd. ¡Estoy muy emocionado! Quiero llevar a Wiggles conmigo porque nunca ha visto otros caballitos de mar. Cuando emprendemos nuestras aventuras, yo veo a otros niños, MJ ve a otros perros y Lexie ve a otros gatos. Sé que Wiggles debe estar triste de no ver a otros caballitos de mar como él. A mí me entristecería no vivir con mi familia.

CARIBBEAN REEF
N REEF

"Wiggles, today we are going to find your seahorse friends," I say to him as we walk through the doors. As we walk in, the first thing we see is a huge fish tank in the middle called Caribbean Reef. There are lots of fish in the big round tank.

"Wiggles, hoy vamos a encontrar a tus amigos caballitos de mar," le digo mientras cruzamos las puertas. Al entrar, lo primero que vemos es un enorme tanque en el centro llamado Caribbean Reef. Hay muchos peces en el gran tanque redondo.

We see a diver go into the tank
and someone is explaining what some of the fish are and what the diver is doing, but we don't see any sea horses there.

Vemos a un buzo entrar en el tanque, mientras alguien explica qué especies son algunos de los peces y lo qué está haciendo el buzo, pero no vemos ningún caballito de mar allí.

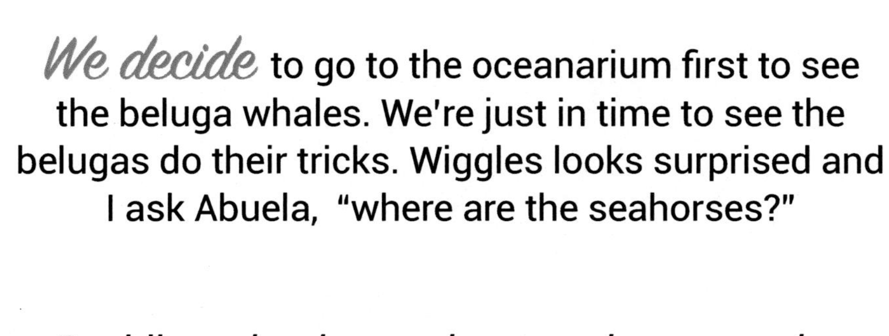

We decide to go to the oceanarium first to see the beluga whales. We're just in time to see the belugas do their tricks. Wiggles looks surprised and I ask Abuela, "where are the seahorses?"

Decidimos ir primero al oceanario para ver las ballenas beluga. Llegamos justo a tiempo para ver a las belugas haciendo trucos. Wiggles parece sorprendido, así que le pregunté a mi abuela "¿dónde están los caballitos de mar?"

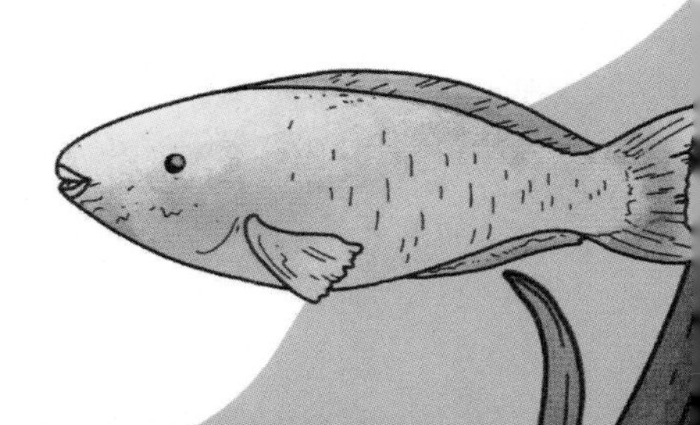

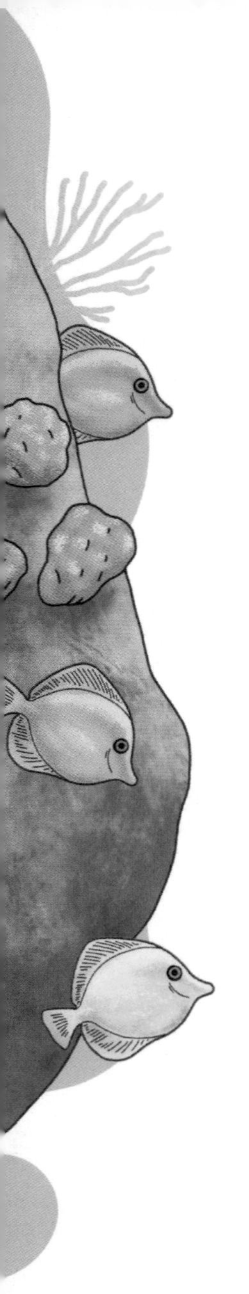

"They aren't here because this area is only for whales and dolphins. Let's go back upstairs to see if we can find the seahorses," she says.

"No están aquí porque esta área es solo para ballenas y delfines. Volvamos arriba para ver si podemos encontrar a los caballitos de mar," dice ella.

We start walking up some stairs and see otters playing in a smaller tank. They were having lots of fun swimming around. They are playing like Wiggles and I play in my room. I ask Abuela, "Are the seahorses with the otters?"

"No," she says. "This tank only has otters because they need lots of room to play. Let's keep walking to look for the seahorses."

Comenzamos a subir unas escaleras mientras veíamos nutrias jugando en un tanque más pequeño. Se divertían mucho nadando. Estaban jugando como Wiggles y yo lo hacemos en mi habitación. Le pregunté a mi abuela "¿Los caballitos de mar están con las nutrias?"

"No," me respondió. "Este tanque solo tiene nutrias porque necesitan mucho espacio para jugar. Sigamos caminando para buscar a los caballitos de mar."

We go to a section called Amazon Rising. There are displays showing high water times and low water times with fish, reptiles and even ducks in each of those areas. We see tiger stingrays, red piranhas, catfish, turtles, a green lizard and even a gecko.

Vamos a una sección llamada Amazon Rising. Hay pantallas que muestran los tiempos de marea alta y marea baja con peces, reptiles e incluso patos en cada una de esas áreas. Vemos rayas tigre, pirañas rojas, bagres, tortugas, un lagarto verde e incluso un gecko.

I stop because I see my name, R-I-O. Abuela says "That is the Rio Negro stingray. Remember, your name means river. That stingray is found in the Black River."

I ask Abuela,
"Are there seahorses there?"

"No," she says. "Let's keep looking but we have to hurry because we need to get home in time for your nap."

Me detengo porque veo mi nombre, R-I-O. La abuela dice, "Esa es la raya de Río Negro. Recuerda, tu nombre significa río. Esa raya se encuentra en el Río Negro."

Le pregunto a Abuela, "¿Hay caballitos de mar ahí?"

"No," responde. "Sigamos buscando, pero tenemos que darnos prisa porque necesitamos llegar a casa a tiempo para tu siesta."

We keep walking until we reach the Rocky Shores area. We see an interesting, striped fish called a moonlighter. Then we see a California moray eel, a lobster and even a leopard shark. “Are there seahorses here Abuela?,” I ask because Wiggles is afraid of the shark.

“No Rio, there aren't any in these waters, let's keep walking."

Seguimos caminando hasta llegar al área de Rocky Shores. Vemos un interesante pez rayado llamado moonlighter. Luego vemos una morena de California, una langosta e incluso un tiburón leopardo. “¿Hay caballitos de mar aquí abuela?" Pregunté porque Wiggles le tiene miedo al tiburón.

“No Río, no hay ninguno en estas aguas, sigamos caminando."

We get to a section called Great Lakes.
We live near Lake Michigan, which is one of the Great Lakes, so I look for seahorses. We see a bigmouth buffalo fish, sturgeons, lake whitefish and catfish. I tell Abuela, “I don't see any seahorses.”

“No,” Abuela says, “I don't think seahorses live in the Great Lakes.”

Llegamos a una sección llamada Great Lakes. Vivimos cerca del lago Michigan, que es uno de los Grandes Lagos, así que busco caballitos de mar. Vemos un pez búfalo de boca grande, esturiones, pescado blanco del lago y bagre. Le digo a mi Abuela, “No veo caballitos de mar.”

“No,” dice ella, “no creo que los caballitos de mar vivan en los Grandes Lagos.”

We keep walking and see turtles and small alligators in another exhibit. I tell Abuela, "Wiggles doesn't like alligators."

Abuela says, "Okay, let's keep walking."
I know we have to leave soon so we hurry.

Seguimos caminando, vemos tortugas y caimanes pequeños en otra exhibición. Le digo a mi Abuela, "a Wiggles no le gustan los caimanes."
La abuela dice: está bien, sigamos caminando.
Sé que tenemos que irnos pronto, así que nos apresuramos.

Then Abuela says, "Look Rio, it says Seahorses and Pipe Fishes over there."
We get excited and walk quickly to the tank. "Look Wiggles," I say, "there are your friends!"
Even though the seahorses are yellow and smaller than Wiggles, he was glad to see them.
"It's time to go, Rio," says Abuela. "It's time for a nap!"

Entonces mi Abuela dice: "Mira Río, allí dice caballitos de mar y peces pipa."
Nos emocionamos y caminamos rápido hacia el tanque. "Mira Wiggles" le digo, "¡ahí están tus amigos!" Aunque los caballitos de mar son amarillos y más pequeños que Wiggles, él se alegró de verlos.
"Es hora de irnos, Rio, dice Abuela. "¡Es hora de una siesta!"

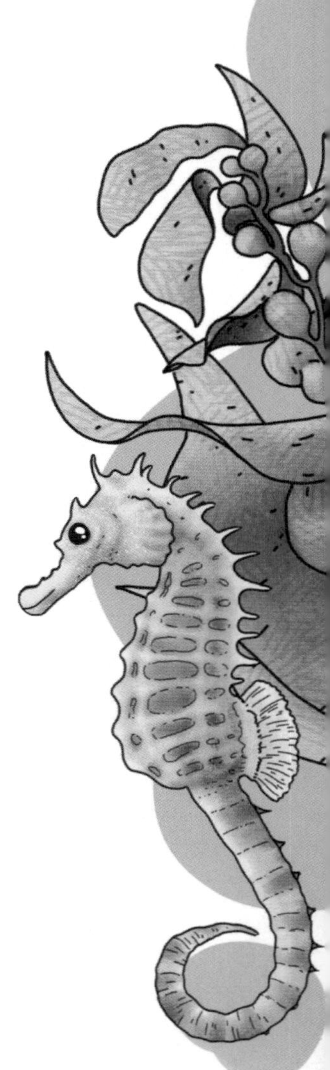

JOHN G. SHEDD AQUARIUM

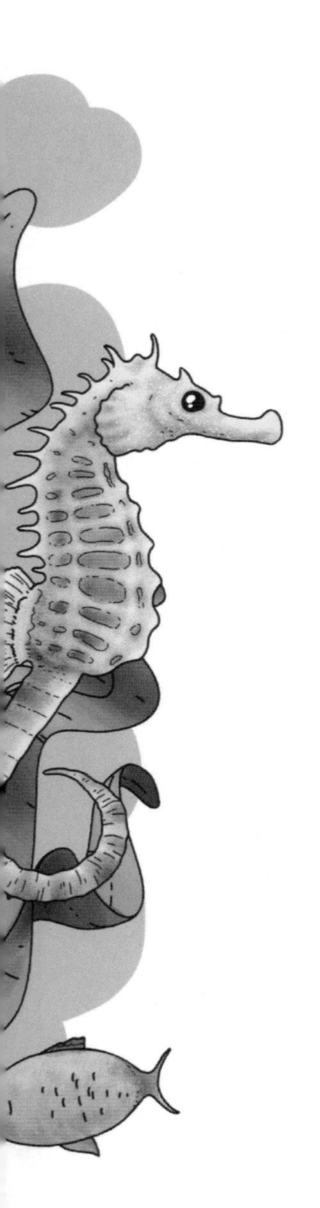

We're happy to have found seahorses in time, and now we can go home and dream about seahorses. Even though Wiggles might not have his own seahorse family, he is still a part of ours and will always be.

Estamos felices de haber encontrado los caballitos de mar a tiempo, ahora podemos ir a casa a dormir la siesta y soñar con ellos. A pesar de que Wiggles no tenga su propia familia de caballitos de mar, sigue siendo parte de la nuestra y siempre lo será.

About the Author

VIRGINIA MARTÍNEZ was born and raised in Chicago and currently lives in Oak Park, IL. Virginia has a son, Miguel, and daughter, Natalia. In 2019, she became a grandmother for the first time. Her grandson Rio Ignacio has become the joy of her life, leading her to document their adventures together on social media.

In November 2021 she published her first book, Adventures with Abuela, Let's Go to the Zoo. Her decision to write this series of children's books comes with dual goals of providing interesting stories for children as well as providing parents, grandparents and caregivers with information that will help them access the many wonderful parks, zoos, and museums the metropolitan area offers. These resources can help young children develop the love of learning. Her first effort was recognized by the International Latino Book Awards.

Virginia is a retired attorney who has spent most of her career working in non-profit organizations and has been a strong advocate for Latinos, women, and children. She has volunteered with many organizations over the years and currently sits on the Board of Directors of Gads Hill Center, a member of LULAC Council #313 and member the Dia de Los Niños Committee.

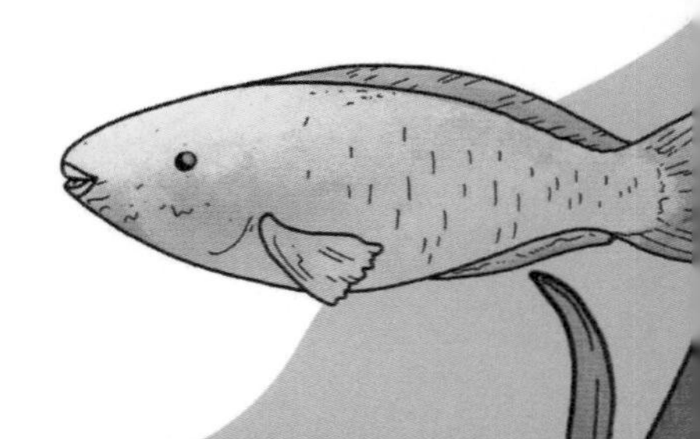

Sobre la autora

VIRGINIA MARTÍNEZ nació y creció en Chicago, actualmente vive en Oak Park, IL. Virginia tiene un hijo, Miguel, y una hija, Natalia. En 2019, se convirtió en abuela por primera vez. Su nieto Río Ignacio es la alegría de su vida, es lo que la llevó a documentar en las redes sociales sus aventuras juntos.

En noviembre de 2021, publicó su primer libro: *Adventures with Abuela, Let's Go to the Zoo* (Aventuras con la Abuela, Vamos al Zoológico). Su decisión de escribir esta serie de libros para niños tiene el doble objetivo de brindar historias interesantes para niños; así como proporcionar a los padres, abuelos y cuidadores, información que les ayudará a acceder a los maravillosos parques, zoológicos y museos con los que cuenta el área metropolitana. Estos recursos pueden ayudar a los niños pequeños a desarrollar el amor por el aprendizaje. Su primer esfuerzo fue reconocido por los *International Latino Book Awards* (Premios Internacionales del Libro Latino).

Virginia es una abogada jubilada que ha pasado la mayor parte de su carrera trabajando en organizaciones sin fines de lucro y ha sido una firme defensora de los latinos, las mujeres y los niños. A lo largo de los años, ha sido voluntaria en muchas organizaciones. Actualmente forma parte de la Mesa Directiva de Gads Hill Center, es miembra del Consejo LULAC #313 y del Comité del Día de Los Niños en Chicago.

For information about the Shedd Aquarium, visit their website www.sheddaquarium.org

Please note that the Shedd Aquarium has several free days each year, making it more accessible to families.

Chicago Public Library cardholders can obtain Kids Museum Passports to visit The Shedd Aquarium with children. For information, visit www.chipublib.org or contact your local library branch.

Para obtener información sobre el Acuario Shedd, visita su sitio web www.sheddaquarium.org

Toma en cuenta que el Acuario Shedd ofrece varios días de entradas gratuitas cada año, lo que lo hace más accesible para las familias.

Las personas que cuentan con credencial de la Biblioteca Pública de Chicago pueden obtener Pasaportes del Museo de los Niños para visitar el Acuario Shedd con niños. Para obtener información, visita www.chipublib.org o comunícate con la sucursal de tu biblioteca local.